AF370493

Todos los libros de Linkgua Ediciones cuentan con modelos de Inteligencia Artificial entrenados por hispanistas. Pregúntale al chat de tu libro lo que desees acerca de la obra o su autor/a.

Para ebooks: Accede a nuestro modelo de IA a través de este enlace.

Para libros impresos: Escanea el código QR de la portada con tu dispositivo móvil.

Obtén análisis detallados de nuestros libros, resúmenes, respuestas a tus preguntas y accede a nuestras ediciones críticas generativas para una experiencia de lectura más enriquecedora.
La transparencia y el respeto hacia la autoría de las fuentes utilizadas son distintivos básicos de nuestro proyecto. Por ello, las respuestas ofrecen, mediante un sistema de citas, las fuentes con las que han sido elaboradas.

Autores varios

Constitución Política de Colombia de 1886

Barcelona 2024
Linkgua-edición.com

Créditos

Título original: Constitución Política de Colombia de 1886.

© 2024, Red ediciones S.L.

e-mail: info@linkgua.com

Diseño de cubierta: Michel Mallard.

ISBN rústica ilustrada: 978-84-9897-453-9.
ISBN tapa dura: 978-84-1126-010-7.
ISBN ebook: 978-84-9953-548-7.

Sumario

Preámbulo

En nombre de Dios, fuente suprema de toda autoridad, los Delegatarios de los departamentos de Colombia, Antioquía, Bolívar, Boyacá, Cauca, Cundinamarca, Magdalena, Panamá, Santander y Tolima, reunidos en Consejo Nacional Constituyente.

Vista la aprobación que impartieron las Municipalidades de Colombia a las bases de Constitución expedidas el día 1.° de diciembre de 1885;

Y con el fin de afianzar la unidad nacional y asegurar los bienes de la justicia, la libertad y la paz, hemos venido en decretar, como decretamos, la siguiente: CONSTITUCIÓN POLÍTICA DE COLOMBIA.

Título I. De la nación y el territorio

Sumario. I. La Nación. II. Soberanía. III. Límites. IV. División Territorial General. V. Modo de variarla. VI. Otras Divisiones.

Artículo 1. La Nación Colombiana se reconstituye en forma de República unitaria.

Artículo 2. La soberanía reside esencial y exclusivamente en la Nación, y de ella emanan los poderes públicos, que se ejercerán en los términos que esta Constitución establece.

Artículo 3. Son límites de la República los mismos que en 1810 separaban el Virreinato de Nueva Granada de las Capitanías generales de Venezuela y Guatemala, del Virreinato del Perú, y de las posesiones portuguesas del Brasil; y provisionalmente, respecto del Ecuador, los designados en el Tratado de 9 de julio de 1856.

Las líneas divisorias de Colombia con las naciones limítrofes se fijarán definitivamente por Tratados Públicos, pudiendo éstos separarse del principio de uti possidetis de derecho de 1810.

Artículo 4. El Territorio, con los bienes públicos que de él forman parte, pertenece únicamente a la Nación.

Las secciones que componían la Unión Colombiana, denominadas Estados y Territorios nacionales, continuarán siendo partes territoriales de la República de Colombia, conservando los mismos límites actuales y bajo la denominación de Departamentos.

Las líneas divisorias dudosas serán determinadas por comisiones demarcadoras nombradas por el Senado.

Los antiguos Territorios nacionales quedan incorporados en las secciones a que primitivamente pertenecieron.

Artículo 5. La ley Puede decretar la formación de nuevos Departamentos desmembrando los existentes, cuando haya sido solicitada por las cuatro quintas partes de los Consejos municipales de la comarca que ha de formar el nuevo Departamento, y siempre que se llenen estas condiciones:

1. Que el nuevo Departamento tenga por lo menos doscientas mil almas;

2. Que aquél o aquéllos de que fuere segregado, queden cada uno con una población de doscientos cincuenta mil habitantes, por lo menos;

3. Que la creación sea decretada por una ley aprobada en dos Legislaturas ordinarias sucesivas.

Artículo 6. Solo por una ley aprobada en la forma expresada en la parte final del artículo anterior, podrán ser variados los actuales límites de los Departamentos.

Por medio de una ley aprobada en la forma ordinaria y sin la condición antedicha, podrá el Congreso separar de los Departamentos a que ahora se reincorporan, o al que han pertenecido, los Territorios a que se refiere el Artículo 4.º, o las Islas, y disponer respecto de unos u otras lo más conveniente.

Artículo 7. Fuera de la división general del Territorio habrá otras dentro de los límites de cada Departamento, para arreglar el servicio público.

Las divisiones relativas a lo fiscal, lo militar y la instrucción pública, podrán no coincidir con la división general.

Título II. De los habitantes: nacionales y extranjeros

Sumario. I. Calidad de nacional colombiano. Definición de ella. Cómo se pierde. Obligaciones generales de nacionales y extranjeros. Extranjeros domiciliados. Limitación recíproca de los derechos que contiene la naturalización. Nacionalización de compañías. II. Ciudadanía. Definición de ella. Por qué causas se pierde. Por cuáles se suspende. Prerrogativas inherentes a la ciudadanía.

Artículo 8. Son nacionales colombianos:

1. Por nacimiento:

Los naturales de Colombia con una de dos condiciones, que el padre o la madre también lo hayan sido, o que siendo hijos de extranjeros, se hallen domiciliados en la República.

Los hijos legítimos de padre y madre colombianos que hubieren nacido en tierra extranjera y luego se domiciliaren en la República, se considerarán colombianos de nacimiento para los efectos de las leyes que exijan esta calidad;

2. Por origen y vecindad:

Los que siendo hijos de madre o padre naturales de Colombia y habiendo nacido en el extranjero, se domiciliaren en la República; y cualesquiera hispanoamericanos que ante la Municipalidad del lugar donde se establecieron, pidan ser inscritos como colombianos;

3. Por adopción:

Los extranjeros que soliciten y obtengan carta de ciudadanía.

Artículo 9. La calidad de nacional colombiano se pierde por adquirir carta de naturaleza en país extranjero, fijando en él domicilio, y podrá recobrarse con arreglo a las leyes.

Artículo 10. Es deber de todos los nacionales y extranjeros en Colombia, vivir sometidos a la Constitución y a las leyes, y respetar y obedecer a las autoridades.

Artículo 11. Los extranjeros disfrutarán en Colombia de los mismos derechos que se concedan a los colombianos por las leyes de la Nación a que el extranjero pertenezca, salvo lo que se estipule en los Tratados públicos.

Artículo 12. La ley definirá la condición de extranjero domiciliado, y los especiales derechos y obligaciones de los que en tal condición se hallen.

Artículo 13. El colombiano, aunque haya perdido la calidad de nacional, que fuere cogido con las armas en la mano en guerra contra Colombia, será juzgado y penado como traidor, Los extranjeros naturalizados y los domiciliados en Colombia, no serán obligados a tomar armas contra el país de su origen.

Artículo 14. Las sociedades o corporaciones que sean en Colombia reconocidas como personas jurídicas, no tendrán otros derechos que los correspondientes a personas colombianas.

Artículo 15. Son ciudadanos los colombianos varones mayores de veintiún años que ejerzan profesión, arte u oficio, o tengan ocupación lícita u otro medio legítimo y conocido de subsistencia.

Artículo 16. La ciudadanía se pierde de hecho cuando se ha perdido la nacionalidad. También pierde la calidad de ciudadano quien se encuentre en uno de los siguientes casos, judicialmente declarados:

1. Haberse comprometido al servicio de una Nación enemiga de Colombia;

2. Haber pertenecido a una facción alzada contra el Gobierno de una Nación amiga;

3. Haber sido condenado a sufrir pena aflictiva;

4. Haber sido destituido del ejercicio de funciones públicas, mediante juicio criminal o de responsabilidad;

5. Haber ejecutado actos de violencia, falsedad o corrupción en elecciones.

Los que hayan perdido la ciudadanía podrán solicitar rehabilitación del Senado.

Artículo 17. El ejercicio de la ciudadanía se suspende:

1. Por notoria enajenación mental;

2. Por interdicción judicial;

3. Por beodez habitual;

4. Por causa criminal pendiente, desde que el Juez dicte auto de prisión.

Artículo 18. La calidad de ciudadano en ejercicio es condición previa indispensable para ejercer funciones electorales, y poder desempeñar empleos públicos que lleven anexa autoridad o jurisdicción.

Título III. De los derechos civiles y garantías sociales

Sumario. I. Principios generales. II. Libertad, seguridad e inmunidad. Propiedad. III. Religión. Educación. Imprenta. Correspondencia. IV. Industria y profesiones. V. Petición. Reunión. Asociación. VI. Disposiciones sobre personas jurídicas y estado civil de las personas. VII. Responsabilidad por violación de las garantías. Reproducción de este Título en el Código Civil.

Artículo 19. Las autoridades de la República están instituidas para proteger a todas las personas residentes en Colombia, en sus vidas, honra y bienes, y asegurar el respeto recíproco de los derechos naturales, previniendo y castigando los delitos.

Artículo 20. Los particulares no son responsables ante las autoridades sino por infracción de la Constitución o de las leyes. Los funcionarios públicos lo son por la misma causa y por extralimitación de funciones, o por omisión en el ejercicio de éstas.

Artículo 21. En caso de infracción manifiesta de un precepto constitucional en detrimento de alguna persona, el mandato superior no exime de responsabilidad al agente que lo ejecuta.

Los militares en servicio quedan exceptuados de esta disposición. Respecto de ellos, la responsabilidad recaerá únicamente en el superior que da la orden.

Artículo 22. No habrá esclavos en Colombia.

El que, siendo esclavo, pise el territorio de la República, quedará libre.

Artículo 23. Nadie podrá ser molestado en su persona o familia, ni reducido a prisión o arresto, ni detenido, ni su domicilio registrado, sino a virtud de mandamiento escrito de autoridad competente, con las formalidades legales y por motivo previamente definido en las leyes.

En ningún caso podrá haber detención, prisión ni arresto por deudas u obligaciones puramente civiles, salvo el arraigo judicial.

Artículo 24. El delincuente cogido in fraganti, podrá ser aprehendido y llevado ante el Juez por cualquiera persona. Si los agentes de la autoridad los persiguieren, y se refugiare en su propio domicilio, podrán penetrar en él para el acto de la aprehensión; y si se acogiere a domicilio ajeno, deberá preceder requerimiento al dueño o morador.

Artículo 25. Nadie podrá ser obligado, en asunto criminal, correccional o de policía, a declarar contra sí mismo o contra sus parientes dentro del cuarto grado civil de consanguinidad o segundo de afinidad.

Artículo 26. Nadie podrá ser juzgado sino conforme a leyes preexistentes al acto que se impute, ante Tribunal competente, y observando la plenitud de las formas propias de cada juicio.

En materia criminal, la ley permisiva o favorable, aun cuando sea posterior, se aplicará de preferencia a la restrictiva o desfavorable.

Artículo 27. La anterior disposición no obsta para que puedan castigar, sin juicio previo, en los casos y dentro de los precisos términos que señale la ley.

1. Los funcionarios que ejercen autoridad o jurisdicción, los cuales podrán penar con multas o arrestos a cualquiera que los injurie o les falte al respeto, en el acto en que estén desempeñando las funciones de su cargo;

2. Los jefes militares, los cuales podrán imponer penas incontinenti, para contener una insubordinación o motín militar, o para mantener el orden hallándose enfrente del enemigo;

3. Los Capitanes de buque, que tienen, no estando en puerto, la misma facultad para reprimir delitos cometidos a bordo.

Artículo 28. Aun en tiempo de guerra, nadie podrá ser penado ex-post facto, sino con arreglo a ley, orden o decreto en que previamente se haya prohibido el hecho y determinándose en pena correspondiente.

Esta disposición no impide que aun en tiempo de paz, pero habiendo graves motivos para temer perturbación del orden público, sean aprehendidas y retenidas, de orden del Gobierno y previo dictamen de los Ministros, las personas contra quienes haya graves indicios de que atentan contra la paz pública.

Artículo 29. Solo impondrá el Legislador la pena capital para castigar, en los casos que se definan como más graves, los siguientes delitos, jurídicamente comprobados, a saber: traición a la Patria en guerra extranjera, parricidio, asesinato, incendio, asalto en cuadrilla de malhechores, piratería, y ciertos delitos militares definidos por las leyes del ejército.

En ningún tiempo podrá aplicarse la pena capital fuera de los casos en este Artículo previstos.

Artículo 30. No habrá pena de muerte por delitos políticos. La ley los definirá.

Artículo 31. Los derechos adquiridos con justo Título con arreglo a las leyes civiles por personas naturales o jurídicas, no pueden ser desconocidos ni vulnerados por leyes posteriores.

Cuando de la aplicación de una ley expedida por motivos de utilidad pública, resultaren en conflicto los derechos de particulares con la necesidad reconocida por la misma ley; el interés privado deberá ceder al interés público. Pero las expropiaciones que sea preciso hacer requieren plena indemnización con arreglo al Artículo siguiente.

Artículo 32. En tiempo de paz nadie podrá ser privado de su propiedad en todo ni en parte, sino por pena, o apremio, o indemnización, o contribución general, con arreglo a las leyes. Por graves motivos de utilidad pública, definidos por el Legislador, podrá haber lugar a enajenación forzosa, mediante mandamiento judicial, y se indemnizará el valor de la propiedad, antes de verificar la expropiación.

Artículo 33. En caso de guerra y solo para atender al restablecimiento del orden público, la necesidad de una expropiación podrá ser decretada por autoridades que no pertenezcan al orden judicial y no ser previa la indemnización.

En el expresado caso la propiedad inmueble solo podrá ser temporalmente ocupada, ya para atender a las necesidades de la guerra, ya para destinar a ella sus productos, como pena pecuniaria impuesta a sus dueños conforme a las leyes.

La Nación será siempre responsable por las expropiaciones que el Gobierno haga por sí o por medio de sus agentes.

Artículo 34. No se podrá imponer pena de confiscación.

Artículo 35. Será protegida la propiedad literaria y artística, como propiedad transferible, por el tiempo de la vida del autor y ochenta años más, mediante las formalidades que prescriba la ley.

Ofrécese la misma garantía a los propietarios de obras publicadas en países de lengua española, siempre que la Nación respectiva consigne en su legislación el principio de reciprocidad y sin que haya necesidad de celebrar al efecto convenios internacionales.

Artículo 36. El destino de las donaciones intervivos o testamentarias hechas conforme a las leyes para objetos de Beneficencia o de Instrucción pública, no podrá ser variado ni modificado por el Legislador.

Artículo 37. No habrá en Colombia bienes raíces que no sean de libre enajenación ni obligaciones irredimibles.

Artículo 38. La Religión Católica, Apostólica, Romana, es la de la Nación; los Poderes públicos la protegerán y harán que sea respetada como esencial elemento del orden social. Se entiende que la Iglesia Católica no es ni será oficial, y conservará su independencia.

Artículo 39. Nadie será molestado por razón de sus opiniones religiosas, ni compelido por las autoridades a profesar creencias ni a observar prácticas contrarias a su conciencia.

Artículo 40. Es permitido el ejercicio de todos los cultos que no sean contrarios a la moral cristiana ni a las leyes.

Los actos contrarios a la moral cristiana o subversivos del orden público, que se ejecuten con ocasión o pretexto del ejercicio de un culto, quedan sometidos al derecho común.

Artículo 41. La educación pública será organizada y dirigida en concordancia con la Religión Católica.

La instrucción primaria costeada con fondos públicos, será gratuita y no obligatoria.

Artículo 42. La prensa es libre en tiempo de paz; pero responsable, con arreglo a las leyes, cuando atente a la honra de las personas, al orden social o a la tranquilidad pública.

Ninguna empresa editorial de periódicos podrá, sin permiso del Gobierno, recibir subvención de otros Gobiernos ni de compañías extranjeras.

Artículo 43. La correspondencia confiada a los telégrafos y correos es inviolable. Las cartas y papeles privados no podrán ser interceptados ni registrados, sino por la autoridad, mediante orden de funcionario competente, en los casos y con las formalidades que establezca la ley, y con el único objeto de buscar pruebas judiciales.

Podrá gravarse, pero nunca prohibirse en tiempo de paz, la circulación de impresos por los correos.

Artículo 44. Toda persona podrá abrazar cualquier oficio u ocupación honesta sin necesidad de pertenecer a gremio de maestros o doctores.

Las autoridades inspeccionarán las industrias y procesiones en lo relativo a la moralidad, la seguridad y la salubridad públicas.

La ley podrá exigir Títulos de idoneidad para el ejercicio de las profesiones médicas y de sus auxiliares.

Artículo 45. Toda persona tiene derecho de presentar peticiones respetuosas a las autoridades, ya sea por motivos de interés general, ya de interés particular, y el de obtener pronta resolución.

Artículo 46. Toda parte del pueblo puede reunirse o congregarse pacíficamente. La autoridad podrá disolver toda reunión que degenere en asonada o tumulto, o que obstruya las vías públicas.

Artículo 47. Es permitido formar compañías o asociaciones públicas o privadas que no sean contrarias a la moralidad ni al orden legal.

Son prohibidas las juntas políticas populares de carácter permanente.

Las asociaciones religiosas deberán presentar a la autoridad civil; para que puedan quedar bajo la protección de las leyes, autorización expedida por la respectiva superioridad eclesiástica.

Artículo 48. Solo el Gobierno puede introducir, fabricar y poseer armas y municiones de guerra.

Nadie podrá dentro de poblado llevar armas consigo, sin permiso de la autoridad. Este permiso no podrá extenderse a los casos de concurrencia a reuniones políticas, a elecciones, o a sesiones de Asambleas o Corporaciones públicas, ya sea para actuar en ellas o para presenciarlas.

Artículo 49. Las corporaciones legítimas y públicas tienen derecho a ser reconocidas como personas jurídicas, y a ejecutar en tal virtud actos civiles y gozar de las garantías aseguradas por este Título, con las limitaciones generales que establezcan las leyes, por razones de utilidad común.

Artículo 50. Las leyes determinarán lo relativo al estado civil de las personas, y los consiguientes derechos y deberes.

Artículo 51. Las leyes determinarán la responsabilidad a que quedan sometidos los funcionarios públicos de todas clases, que atenten contra los derechos garantizados en este Título.

Artículo 52. Las disposiciones del presente Título se incorporarán en el Código Civil como Título preliminar, y no podrán ser alteradas sino por acto reformatorio de la Constitución.

Título IV. De las relaciones entre la Iglesia y el Estado

Sumario. Derechos generales de la Iglesia. Incompatibilidad defunciones eclesiásticas y civiles. Exenciones. Autorización al Gobierno para celebrar convenios con la Santa Sede.

Artículo 53. La Iglesia Católica podrá libremente en Colombia administrar sus asuntos interiores y ejercer actos de autoridad espiritual y de jurisdicción eclesiástica, sin necesidad de autorización del Poder civil; y como persona jurídica, representada en cada Diócesis por el respectivo legítimo Prelado, podrá igualmente ejercer actos civiles, por derecho propio que la presente Constitución le reconoce.

Artículo 54. El ministerio sacerdotal es incompatible con el desempeño de cargos públicos, Podrán, sin embargo, los sacerdotes católicos ser empleados en la instrucción o beneficencia públicas.

Artículo 55. Los edificios destinados al culto católico, los seminarios conciliares y las casas episcopales y curales no podrán ser gravados con contribuciones ni ocupados para aplicarlos a otros servicios.

Artículo 56. El Gobierno podrá celebrar convenios con la Santa Sede Apostólica a fin de arreglar las cuestiones pendientes, y definir y establecer las relaciones entre la potestad civil y la eclesiástica.

Título V. De los poderes nacionales y del servicio público

Sumario. Limitación de los poderes. Poder Legislativo. Ejecutivo. Judicial. Reglas generales sobre servicio público.

Artículo 57. Todos los poderes públicos son limitados, y ejercen separadamente sus respectivas atribuciones.

Artículo 58. La potestad de hacer leyes reside en el Congreso.

El Congreso se compone del Senado y la Cámara de Representantes.

Artículo 59. El presidente de la República es el Jefe del Poder Ejecutivo, y lo ejerce con la indispensable cooperación de los Ministros.

El presidente y los Ministros, y en cada negocio particular el presidente con el Ministro del respectivo ramo, constituyen el Gobierno.

Artículo 60. Ejercen el Poder judicial la Corte Suprema, los Tribunales Superiores de Distrito, y demás Tribunales y Juzgados que establezca la ley.

El Senado ejerce determinadas funciones judiciales.

Artículo 61. Ninguna persona o Corporación podrá ejercer simultáneamente, en tiempo de paz, la autoridad política o civil y la judicial o la militar.

Artículo 62. La ley determinará los casos particulares de incompatibilidad de funciones; los de responsabilidad de los funcionarios y modo de hacerla efectiva; las calidades y antecedentes necesarios para el desempeño de ciertos empleos, en los casos no previstos por la Constitución; las condiciones de ascenso y de jubilación; y la serie o clase de servicios civiles o militares que dan derecho a pensión del Tesoro público.

Artículo 63. No habrá en Colombia ningún empleo que no tenga funciones detalladas en ley o en reglamento.

Artículo 64. Nadie podrá recibir dos sueldos del Tesoro público, salvo lo que para casos especiales determinen las leyes.

Artículo 65. Ningún funcionario entrará a ejercer su cargo sin prestar juramento de sostener y defender la Constitución, y de cumplir con los deberes que le incumben.

Artículo 66. Ningún colombiano que esté al servicio de Colombia, podrá, sin permiso de su Gobierno, admitir de Gobierno extranjero cargo o merced alguna, so pena de perder el empleo que ejerce.

Artículo 67. Ningún colombiano podrá admitir de Gobierno extranjero empleo o comisión cerca del de Colombia, sin haber obtenido previamente del último la necesaria autorización.

Título VI. De la reunión y atribuciones del Congreso

Sumario: I. La Época, lugar y duración de las Legislaturas ordinarias. Formalidades necesarias para su apertura, funcionamiento y clausura. Legislaturas extraordinarias. Traslación del Congreso. Reunión del Congreso en un solo cuerpo. Reuniones ilegales. II. Atribuciones del Congreso. Limitaciones del Poder Legislativo.

Artículo 68. Las Cámaras legislativas se reunirán ordinariamente por derecho propio cada dos años el día 20 de julio en la capital de la República.

Las sesiones ordinarias durarán ciento veinte días, pasados los cuales el Gobierno podrá declarar las Cámaras en receso.

Artículo 69. Las Cámaras se abrirán y clausurarán pública y simultáneamente.

Artículo 70. Las Cámaras no podrán abrir sus sesiones ni deliberar, con menos de una tercera parte de sus miembros.

El presidente de la República en persona, o por medio de los Ministros, abrirá y cerrará las Cámaras.

Esta ceremonia no es esencial para que el Congreso ejerza legítimamente sus funciones.

Artículo 71. Cuando llegado el día en que ha de reunirse el Congreso, no pudiere verificarse el acto por falta del número de miembros necesarios, los individuos concurrentes, en

Junta preparatoria o provisional, apremiarán a los ausentes con las penas que los respectivos reglamentos establezcan; y se abrirán las sesiones luego que esté completo el número requerido.

Artículo 72. El Congreso podrá reunirse extraordinariamente convocado por el Gobierno. En sesiones extraordinarias solo podrá ocuparse en los negocios que el Gobierno someta a su consideración.

Artículo 73. Por acuerdo mutuo las dos Cámaras podrán trasladarse a otro lugar, y en caso de perturbación del orden público podrán reunirse en el punto que designe el presidente del Senado.

Artículo 74. El Congreso se reunirá en un solo cuerpo únicamente para el acto de dar posesión de su cargo al presidente de la República, y para ejercer la atribución determinada en el Artículo 77.

En tales ocasiones el presidente del Senado y el de la Cámara de Representantes serán, respectivamente, presidente y Vicepresidente del Congreso.

Artículo 75. Toda reunión de miembros del Congreso que, con la mira de ejercer el Poder Legislativo, se efectúe fuera de las condiciones constitucionales, será ilegal; los actos que expida, nulos; y los individuos que en las deliberaciones tomen parte, serán castigados conforme a las leyes.

Artículo 76. Corresponde al Congreso hacer las leyes.

Por medio de ellas ejerce las siguientes atribuciones:

1. Interpretar, reformar y derogar las leyes preexistentes;

2. Modificar la división general del territorio con arreglo a los Artículos 5.° y 6.°, y establecer y reformar, cuando convenga, las otras divisiones territoriales de que trata el Artículo 7.°;

3. Conferir atribuciones especiales a las Asambleas Departamentales

4. Disponer lo conveniente para la Administración de Panamá;

5. Variar, en circunstancias extraordinarias y por graves motivos de conveniencia pública, la actual residencia de los altos poderes nacionales;

6. Fijar para cada bienio, en sesiones ordinarias, el pie de fuerza;

7. Crear todos los empleos que demande el servicio público, y fijar sus respectivas dotaciones;

8. Regular el servicio público, determinando los puntos de que trata el Artículo 62;

9. Conceder autorizaciones al Gobierno para celebrar contratos, negociar empréstitos, enajenar bienes nacionales, y ejercer otras funciones dentro de la órbita constitucional;

10. Revestir, pro tempore, al presidente de la República de precisas facultades extraordinarias, cuando la necesidad lo exija o las conveniencias públicas lo aconsejen;

11. Establecer las rentas nacionales y fijar los gastos de la administración. En cada legislatura se votará el presupuesto general de unas y otros.

En el presupuesto no podrá incluirse partida alguna que no corresponda aun gasto decretado por ley anterior o a un crédito judicialmente reconocido.

12. Reconocer la deuda nacional y arreglar su servicio;

13. Decretar impuestos extraordinarios cuando la necesidad lo exija;

14. Aprobar o desaprobar los contratos o convenios que celebre el presidente de la República con particulares, compañías o entidades políticas, en los cuales tenga interés el fisco nacional, si no hubieren sido previamente autorizados, o si no se hubieren llenado en ellos las formalidades prescritas por el Congreso, o si algunas estipulaciones que contengan no estuvieren ajustadas a la respectiva ley de autorizaciones;

15. Fijar la ley, peso, tipo y denominación de la moneda, y arreglar el sistema de pesos y medidas;

16. Organizar el crédito público;

17. Decretar las obras públicas que hayan de emprenderse o continuarse, y monumentos que deban erigirse;

18. Fomentar las empresas útiles o benéficas dignas de estímulos y apoyo;

19. Decretar honores públicos a los ciudadanos que hayan prestado grandes servicios a la Patria;

20. Aprobar o desaprobar los Tratados que el Gobierno celebre con Potencias extranjeras;

21. Conceder, por mayoría de dos tercios de los votos en cada Cámara, y por graves motivos de conveniencia pública, amnistías o indultos generales por delitos políticos. En el caso de que los favorecidos queden eximidos de la responsabilidad civil respecto de particulares, el Gobierno estará obligado a las indemnizaciones a que hubiere lugar;

22. Limitar o regular la apropiación o adjudicación de tierras baldías.

Artículo 77. El Congreso elegirá en sus reuniones ordinarias y para un bienio, el Designado que ha de ejercer el Poder Ejecutivo a falta de presidente y Vicepresidente.

Artículo 78. Es prohibido al Congreso, y a cada una de sus Cámaras:

1. Dirigir excitaciones a funcionarios públicos;

2. Inmiscuirse por medio de resoluciones o de leyes en asuntos que son de la privativa competencia de otros poderes;

3. Dar votos de aplauso o censura respecto de actos oficiales;

4. Exigir al Gobierno comunicación de las instrucciones dadas a Ministros diplomáticos, o informes sobre negociaciones que tengan carácter reservado;

5. Decretar a favor de ninguna persona o entidad gratificaciones, indemnizaciones, pensiones ni otra erogación que no esté destinada a satisfacer créditos o derechos reconocidos con arreglo a ley preexistente, salvo lo dispuesto en el Artículo 76, inciso 18;

6. Decretar actos de proscripción o persecución contra personas o corporaciones.

Título VII. De la formación de las Leyes

Sumario. I. Iniciativa para la formación de las leyes. Limitaciones del derecho de iniciativa. Requisitos para que un acto del Congreso sea ley. II. Participación del Gobierno en los debates. Participación de la Corte Suprema. Derechos y deberes del Gobierno en lo tocante a la sanción de las leyes. Trámites que han de observarse para resolver sobre objeciones del Gobierno. Intervención de la Corte Suprema. III. Fórmula inicial de las leyes.

Artículo 79. Las leyes pueden tener origen en cualquiera de las dos Cámaras, a propuesta de sus respectivos miembros o de los Ministros del Despacho.

Artículo 80. Exceptúanse de lo dispuesto en el Artículo anterior:

1. Aquellas leyes que deben tener origen únicamente en la Cámara de Representantes (Artículo 102, inciso 2.°);

2. Las leyes sobre materia civil y procedimiento judicial, que no podrán ser modificadas sino en virtud de proyectos presentados por las Comisiones permanentes especiales de una y otra Cámara o por los Ministros del Despacho.

Artículo 81. Ningún acto legislativo será ley sin los requisitos siguientes:

1. Haber sido aprobado en cada Cámara en tres debates, en distintos días, por mayoría absoluta de votos;

2. Haber obtenido, la sanción del Gobierno.

Artículo 82. No podrá cerrarse en segundo debate ni ser votada una ley en tercero, sin la asistencia de la mayoría absoluta de los individuos que componen la Cámara.

Artículo 83. El Gobierno puede tomar parte en la discusión de las leyes por medio de los Ministros.

Artículo 84. Los Magistrados de la Corte Suprema tienen voz en el debate de las leyes sobre materia civil y procedimiento judicial.

Artículo 85. Aprobado un proyecto de ley por ambas Cámaras, pasará al Gobierno, y si éste lo aprobare también, dispondrá que se promulgue como ley.

Si no lo aprobare, lo devolverá con objeciones a la Cámara en que tuvo origen.

Artículo 86. El presidente de la República dispone del término de seis días para devolver con objeciones cualquier proyecto, cuando éste no conste de más de cincuenta Artículos; de diez días, cuando el proyecto contenga de cincuenta y uno a doscientos Artículos, y hasta de quince días, cuando los Artículos sean más de doscientos.

Si el presidente, una vez transcurridos los indicados términos, según el caso, no hubiere devuelto el acto legislativo con objeciones, no podrá dejar de sancionarlo y promulgarlo. Pero si las Cámaras se pusieren en receso dentro de dichos términos, el presidente tendrá el deber de publicar el proyecto sancionado u objetado, dentro de los diez días siguientes a aquél en que el Congreso haya cerrado sus sesiones.

Artículo 87. El proyecto de ley objetado en su conjunto por el presidente, volverá en las Cámaras a tercer debate. El que fuere objetado solo en parte, será reconsiderado en segundo debate con el único objeto de tomar en cuenta las observaciones del Gobierno.

Artículo 88. El presidente de la República sancionará, sin poder presentar nuevas objeciones, todo proyecto que, reconsiderado, fuere adoptado por dos tercios de los votos en una y otra Cámara.

Artículo 89. Si el Gobierno no cumpliere el deber que se lo impone de sancionar las leyes en los términos y según las condiciones que este Título establece, las sancionará y promulgará el presidente del Congreso.

Artículo 90. Exceptúase de lo dispuesto en el Artículo 88 el caso en que el proyecto fuere objetado por inconstitucional. En este caso, si las Cámaras insistieren, el proyecto pasará a la Corte Suprema, para que ella, dentro de seis días, decida sobre su exequibilidad. El fallo afirmativo de la Corte obliga al presidente a sancionar la ley. Si fuere negativo, se archivará el proyecto.

Artículo 91. Los proyectos de ley que queden pendientes en las sesiones de un año no podrán ser considerados sino como proyectos nuevos, en otra Legislatura.

Artículo 92. Al texto de las leyes precederá esta fórmula:
«EL CONGRESO DE COLOMBIA DECRETA...»

Título VIII. Del Senado

Sumario. Composición del Senado. Calidades para ser Senador. Duración y renovación de los Senadores. Atribuciones judiciales del Senado. Otras atribuciones del Senado.

Artículo 93. El Senado se compondrá de tantos miembros cuantos Senadores correspondan a los Departamentos, a razón de tres por cada Departamento.

Por cada Senador se elegirán dos suplentes.

Artículo 94. Para ser Senador se requiere ser colombiano de nacimiento y ciudadano no suspenso, tener más de treinta años de edad y disfrutar de mil doscientos pesos, por lo menos, de renta anual, como rendimiento de propiedades o fruto de honrada ocupación.

Artículo 95. Los Senadores durarán seis años, y son reelegibles indefinidamente.

El Senado se renovará por terceras partes en la forma que determine la ley.

Artículo 96. Corresponde al Senado conocer de las acusaciones que intente la Cámara de Representantes contra los funcionarios de que trata el Artículo 102 (inciso 4.°).

Artículo 97. En los juicios que se sigan ante el Senado, se observarán estas reglas:

1. Siempre que una acusación sea públicamente admitida, el acusado queda de hecho suspenso de su empleo;

2. Si la acusación se refiere a delitos cometidos en ejercicio de funciones, o a indignidad por mala conducta, el Senado no podrá imponer otra pena que la de destitución del empleo, o la privación temporal o pérdida absoluta de los derechos políticos; pero se le seguirá juicio criminal al reo ante la Corte Suprema, si los hechos le constituyen responsable de infracción que merezca otra pena;

3. Si la acusación se refiere a delitos comunes, el Senado se limitará a declarar si hay o no lugar a seguimiento de causa, y en caso afirmativo pondrá al acusado a disposición de la Corte Suprema;

4. El Senado podrá cometer la instrucción de los procesos a una Diputación de su seno, reservándose el juicio y sentencia definitiva, que será pronunciada en sesión pública, por los dos tercios, a lo menos, de los votos de los Senadores que concurran al acto.

Artículo 98. Son también atribuciones del Senado:

1. Rehabilitar a los que hubieren perdido la ciudadanía. Esta gracia, según el caso y circunstancias del que la solicite, podrá referirse únicamente al derecho electoral, o también a la capacidad para desempeñar determinados puestos públicos, o conjuntamente al ejercicio de todos los derechos políticos;

2. Nombrar dos miembros del Consejo de Estado;

3. Admitir o no las renuncias que hagan de sus empleos, el presidente y Vicepresidente de la República y el Designado;

4. Aprobar o desaprobar los nombramientos que haga el presidente de la República para Magistrados de la Corte Suprema;

5. Aprobar o desaprobar los grados militares que confiera el Gobierno desde Teniente coronel hasta el más alto grado del Ejército o Armada;

6. Conceder licencias al presidente de la República para separarse temporalmente, no siendo caso de enfermedad, o para ejercer el poder fuera de la capital;

7. Permitir el tránsito de tropas extranjeras por el territorio de la República;

8. Nombrar las Comisiones demarcadoras de que trata el Artículo 4.°;

9. Autorizar al Gobierno para declarar la guerra a otra Nación.

Título IX. De la Cámara de Representantes

Sumario. Composición de la Cámara. Calidades para ser Representante, y duración del cargo. Atribuciones de esta Cámara.

Artículo 99. La Cámara de Representantes se compondrá de tantos individuos cuantos correspondan a la población de la República, a razón de uno por cada 50.000 habitantes. Por cada Representante se elegirán dos suplentes.

Artículo 100. Para ser elegido Representante se requiere ser ciudadano en ejercicio, no haber sido condenado por delito que merezca pena corporal, y tener más de veinticinco años de edad.

Artículo 101. Los Representantes durarán en el ejercicio de sus funciones por cuatro años, y serán reelegibles indefinidamente.

Artículo 102. Son atribuciones de la Cámara de Representantes:

1. Examinar y fenecer definitivamente la cuenta general del Tesoro;

2. Iniciar la formación de las leyes que establezcan contribuciones u organicen el Ministerio público;

3. Nombrar dos Consejeros de Estado;

4. Acusar ante el Senado, cuando hubiere justa causa, al presidente y al Vicepresidente de la República, a los Ministros del Despacho, a los Consejeros de Estado, al Procurador general de la Nación y a los Magistrados de la Corte Suprema;

5. Conocer de los denuncios y quejas que ante ella se presenten por el Procurador de la Nación o por particulares, contra los expresados funcionarios, excepto el presidente y Vicepresidente, y si prestaren mérito, fundar en ellas acusación ante el Senado.

Título X. Disposiciones comunes a ambas Cámaras y a los miembros de ellas

Sumario: I. Atribuciones comunes a ambas Cámaras. Publicidad de las sesiones. II. Carácter representativo de los miembros del Congreso. Inviolabilidad por razón de sus votos. Inmunidad personal. Incompatibilidad defunciones. Indemnización pecuniaria. Disposiciones sobre vacantes.

Artículo 103. Son facultades de cada Cámara:

1. Dictar su propio reglamento y establecer los medios preventivos y coercitivos necesarios para asegurar la concurrencia de los miembros de la Corporación;

2. Crear y proveer los empleos necesarios para el despacho de sus trabajos;

3. Organizar, en caso necesario, la policía interior del edificio en que celebra sus sesiones;

4. Examinar si las credenciales que cada miembro ha de presentar al tomar posesión del puesto, están en la forma prescrita por la ley;

5. Contestar, o abstenerse de hacerlo, a los mensajes del Gobierno;

6. Pedir a los Ministros los informes escritos o verbales que necesite para el mejor desempeño de sus trabajos o para conocer los actos de la Administración, salvo lo dispuesto en el Artículo 78, inciso 4.º;

7. Nombrar comisiones que la representen en actos oficiales;

8. Designar oradores ante la otra Cámara en caso de desacuerdo de opiniones en la formación de una ley;

9. Aprobar todas las resoluciones que estime convenientes dentro de los límites señalados en el Artículo 78.

Artículo 104. Las sesiones de las Cámaras serán públicas, con las limitaciones a que haya lugar conforme a sus reglamentos.

Artículo 105. Los individuos de una y otra Cámara representan a la Nación entera, y deberán votar consultando únicamente la justicia y el bien común.

Artículo 106. Los Senadores y los Representantes son inviolables por su opiniones y votos en el ejercicio de su cargo. En el uso de la palabra solo serán responsables ante la Cámara a que pertenezcan; podrán ser llamados al orden por el que presida la sesión y penados conforme al reglamento por las faltas que cometan.

Artículo 107. Cuarenta días antes de principiar las sesiones y durante ellas, ningún miembro del Congreso podrá ser llamado a juicio civil o criminal sin permiso de la Cámara a que pertenezca. En caso de flagrante delito, podrá ser detenido el delincuente y será puesto inmediatamente a disposición de la Cámara respectiva.

Artículo 108. El presidente y el Vicepresidente de la República, los Ministros del Despacho y Consejeros de Estado, los Magistrados de la Corte Suprema, el Procurador de la Nación y los Gobernadores no podrán ser elegidos miembros del Congreso sino seis meses después de haber cesado en el ejercicio de sus funciones.

Tampoco podrá ser Senador o Representante ningún individuo, por Departamento o circunscripción electoral donde tres meses antes de las elecciones haya ejercido jurisdicción o autoridad civil, política o militar.

Artículo 109. El presidente de la República no puede conferir empleo a los Senadores y Representantes durante el período de sus funciones y un año después, con excepción de los de Ministro del Despacho, Consejero de Estado, Gobernador, Agente diplomático y jefe militar en tiempo de guerra.

La aceptación de cualquiera de estos empleos por un miembro del Congreso, produce vacante en la respectiva Cámara.

Artículo 110. Los Senadores y Representantes no pueden hacer por sí, ni por interpuesta persona, contrato alguno con la administración, ni admitir de nadie poder para gestionar negocios que tengan relación con el Gobierno de Colombia.

Artículo 111. Cuando algún Senador o Representante se retire de las sesiones y fuere reemplazado por un suplente, corresponderán al primero los viáticos de marcha a la capital, y al segundo los de regreso a su domicilio.

Artículo 112. Ningún aumento de dietas ni de viáticos decretado por el Congreso, se hará efectivo sino después que hayan cesado en sus funciones los miembros de la Legislatura en que hubiere sido votado.

Artículo 113. En caso de falta de un miembro del Congreso, sea accidental o absoluta, le subrogará el respectivo suplente.

Título XI. Del presidente y del Vicepresidente de la República

Sumario. I. Elección del presidente. Calidades para serlo. Juramento de posesión. II. Atribuciones del presidente: a) en relación con el Poder Legislativo; b) con el judicial; c) como autoridad suprema administrativa. Sus facultades en tiempo de guerra. III. Responsabilidad del presidente. IV. Modo de llenar sus faltas. V. Del Vicepresidente de la República. VI. Del Designado.

Artículo 114. El presidente de la República será elegido por las Asambleas electorales, en un mismo día, y en la forma que determine la ley, para un período de seis años.

Artículo 115. Para ser presidente de la República se requieren las mismas calidades que para ser Senador.

Artículo 116. El presidente de la República electo tomará posesión de su destino ante el presidente del Congreso, y prestará juramento en estos términos. Juro a Dios cumplir fielmente la Constitución y leyes de Colombia.

Artículo 117. Si por cualquier motivo el presidente no pudiere tomar posesión ante el presidente del Congreso, lo verificará ante el presidente de la Corte Suprema y, en defecto de ésta, ante dos testigos.

Artículo 118. Corresponde al presidente de la República en relación con el Poder Legislativo:

1. Abrir y cerrar las sesiones ordinarias del Congreso;

2. Convocarlo a sesiones extraordinarias por graves motivos de conveniencia pública y previo dictamen del Consejo de Estado;

3. Presentar al Congreso al principio de cada legislatura un mensaje sobre los actos de la Administración;

4. Enviar por el mismo tiempo a la Cámara de Representantes el Presupuesto de rentas y gastos y la cuenta general del Presupuesto y del Tesoro;

5. Dar a las Cámaras legislativas los informes que soliciten sobre negocios que no demanden reserva;

6. Prestar eficaz apoyo a las Cámaras cuando ellas lo soliciten, poniendo a su disposición, si fuere necesario, la fuerza pública;

7. Concurrir a la formación de las leyes, presentando proyectos por medio de los Ministros, ejerciendo el derecho de objetar los actos legislativos, y cumpliendo el deber de sancionarlos, con arreglo a esta Constitución;

8. Dictar en los casos y con las formalidades prescritas en el Artículo 121, decretos que tengan fuerza legislativa.

Artículo 119. Corresponde al presidente de la República, en relación con el Poder judicial:

1. Nombrar los Magistrados de la Corte Suprema;

2. Nombrar los Magistrados de los Tribunales Superiores, de ternas que presente la Corte Suprema;

3. Nombrar y remover los funcionarios del Ministerio;

4. Velar porque en toda la República se administre pronta y cumplida justicia, prestando a los funcionarios judiciales, con arreglo a las leyes, los auxilios necesarios para hacer efectivas sus providencias;

5. Mandar acusar ante el Tribunal competente, por medio del respectivo Agente del Ministerio público, o de un abogado fiscal nombrado al efecto, a los Gobernadores de Departamento y a cualesquiera otros funcionarios nacionales o municipales del orden administrativo o judicial, por infracción de la Constitución o las leyes, o por otros delitos cometidos en el ejercicio de sus funciones;

6. Conmutar, previo dictamen del Consejo de Estado, la pena de muerte, por la inmediatamente inferior en la escala penal, y conceder indultos por delitos políticos y rebajas de penas por los comunes, con arreglo a la ley que regule el ejercicio de esta facultad. En ningún caso los indultos ni las rebajas de pena podrán comprender la responsabilidad que tengan los favorecidos respecto de particulares, según las leyes.

No podrá ejercer esta última atribución respecto de los Ministros del Despacho, sino mediante petición de una de las Cámaras legislativas.

Artículo 120. Corresponde al presidente de la República como suprema autoridad administrativa:

1. Nombrar y separar libremente los Ministros del Despacho;

2. Promulgar las leyes sancionadas, obedecerlas y velar por su exacto cumplimiento;

3. Ejercer la potestad reglamentaria expidiendo las órdenes, decretos v resoluciones necesarios para la cumplida ejecución de las leyes;

4. Nombrar y separar libremente los Gobernadores;

5. Nombrar dos Consejeros de Estado;

6. Nombrar las personas que deban desempeñar cualesquiera empleos nacionales cuya provisión no corresponda a otros funcionarios o corporaciones, según esta Constitución o leyes posteriores.

En todo caso el presidente tiene facultad de nombrar y remover libremente sus agentes;

7. Disponer de la fuerza pública y conferir grados militares con las restricciones estatuidas en el inciso 5.° del Artículo 98, y con las formalidades de la ley que regule el ejercicio de esta facultad;

8. Conservar en todo el territorio el orden público, y restablecerlo donde fuere turbado;

9. Dirigir, cuando lo estime conveniente, las operaciones de la guerra como jefe de los Ejércitos de la República. Si ejerciere el mando militar fuera de la capital, quedará el Vicepresidente encargado de los otros ramos de administración;

10. Dirigir las relaciones diplomáticas y comerciales con las demás Potencias o Soberanos, nombrar libremente y recibir los Agentes respectivos, y celebrar con Potencias extranjeras tratados y convenios.

Los tratados se someterán a la aprobación del Congreso, y los convenios serán aprobados por el presidente en receso de las Cámaras, previo dictamen favorable de los Ministros y del Consejo de Estado;

11. Proveer a la seguridad exterior de la República, defendiendo la independencia y la honra de la Nación y la inviolabilidad del Territorio; declarar la guerra con permiso del Senado, o hacerla sin tal autorización cuando urgiere repeler una agresión extranjera; y ajustar y ratificar el tratado de paz, habiendo de dar después cuenta documentada a la próxima legislatura;

12. Permitir, en receso del Senado, y previo dictamen del Consejo de Estado, el tránsito de tropas extranjeras por el territorio de la República;

13. Permitir, con el dictamen del Consejo de Estado, la estación de buques extranjeros de guerra en aguas de la Nación;

14. Cuidar de la exacta recaudación y administración de las rentas y caudales públicos y decretar su inversión con arreglo a las leyes;

15. Reglamentar, dirigir e inspeccionar la instrucción pública nacional;

16. Celebrar contratos administrativos para la prestación de servicios y ejecución de obras públicas, con arreglo a las leyes fiscales y con la obligación de dar cuenta al Congreso en sus sesiones ordinarias;

17. Organizar el Banco Nacional, y ejercer la inspección necesaria sobre los Bancos de emisión y demás establecimientos de crédito, conforme a las leyes;

18. Dar permiso a los empleados nacionales que lo soliciten, para admitir cargos o mercedes de Gobiernos extranjeros;

19. Expedir cartas de ciudadanía conforme a las leyes;

20. Conceder patentes de privilegio temporal a los autores de invenciones o perfeccionamientos útiles, con arreglo a las leyes;

21. Ejercer el derecho de inspección y vigilancia sobre instituciones de utilidad común, para que sus rentas se conserven y sean debidamente aplicadas, y que en todo lo esencial se cumpla con la voluntad de los fundadores.

Artículo 121. En los casos de guerra exterior, o de conmoción interior, podrá el presidente, previa audiencia del Consejo de Estado y con la firma de todos los Ministros, declarar turbado el orden público y en estado de sitio toda la República o parte de ella.

Mediante tal declaración quedará el presidente investido de las facultades que le confieran las leyes, y, en su defecto, de las que le da el Derecho de gentes, para defender los derechos de la Nación o reprimir el alzamiento. Las medidas extraordinarias o decretos de carácter provisional legislativo que, dentro de dichos límites, dicte el presidente, serán obligatorios siempre que lleven la firma de todos los Ministros.

El Gobierno declarará restablecido el orden público luego que haya cesado la perturbación o el peligro exterior; y pasará al Congreso una exposición motivada de sus providencias. Serán responsables cualesquiera autoridades por los abusos que hubieren cometido en el ejercicio de facultades extraordinarias.

Artículo 122. El presidente de la República o el que en su lugar ejerza el Poder Ejecutivo, es responsable únicamente en los casos siguientes, que definirá la ley:

1. Por actos de violencia o coacción en elecciones;

2. Por actos que impidan la reunión constitucional de las Cámaras Legislativas, o estorben a éstas o a las demás Corporaciones o autoridades públicas que establece esta Constitución, el ejercicio de sus funciones; y,

3. Por delitos de alta traición.

En los dos primeros casos la pena no podrá ser otra que la de destitución, y, si hubiere cesado en el ejercicio de sus funciones el presidente; la de inhabilitación para ejercer nuevamente la Presidencia.

Ningún acto del presidente, excepto el de nombramiento o remoción de Ministros, tendrá valor ni fuerza alguna mientras no sea refrendado y comunicado por el Ministro del ramo respectivo, quien por el mismo hecho se constituye responsable.

Artículo 123. El Senado concede licencia temporal al presidente para dejar de ejercer el Poder Ejecutivo.

Por motivo de enfermedad el presidente puede, por el tiempo necesario, dejar de ejercer el Poder Ejecutivo dando previo aviso al Senado, o, en receso de éste, a la Corte Suprema.

Artículo 124. Por falta accidental del presidente de la República ejercerá el Poder Ejecutivo el Vicepresidente.

En caso de faltas únicas absolutas del presidente lo reemplazará el Vicepresidente hasta la terminación del período en curso.

Son faltas absolutas del presidente, su muerte o su renuncia aceptada.

Artículo 125. Cuando las faltas del presidente no pudieren, por cualquier motivo, ser llenadas por el Vicepresidente, ejercerá la Presidencia el Designado elegido por el Congreso para cada bienio.

Cuando por cualquiera causa no hubiere hecho el Congreso elección de Designado, conservará el carácter de tal el anteriormente elegido.

A falta del Vicepresidente y del Designado, entrarán a ejercer el Poder Ejecutivo los Ministros y los Gobernadores, siguiendo estos últimos el orden de proximidad de su residencia a la capital de la República.

El Consejo de Estado señalará el orden en que deben entrar a ejercer la Presidencia los Ministros, llegado el caso.

Artículo 126. El Encargado del Poder Ejecutivo tendrá la misma preeminencia y ejercerá las mismas atribuciones que el presidente, cuyas veces desempeña.

Artículo 127. El ciudadano que haya sido elegido presidente de la República no podrá ser reelegido para el período inmediato, si hubiere ejercido la Presidencia dentro de los dieciocho meses inmediatamente precedentes a la nueva elección.

El ciudadano que hubiere sido llamado a ejercer la Presidencia y la hubiere ejercido dentro de los seis últimos meses precedentes al día de la elección del nuevo presidente, tampoco podrá ser elegido para este empleo.

Artículo 128. El Vicepresidente de la República será elegido al mismo tiempo, por los mismos electores y para el mismo período que el presidente.

Artículo 129. Para ser elegido Vicepresidente se requieren las mismas calidades que para presidente.

Artículo 130. Corresponde al Vicepresidente presidir el Consejo de Estado, y ejercer las demás funciones que le atribuya la ley.

Artículo 131. Si ocurriere falta absoluta del Vicepresidente, quedará vacante el puesto hasta el fin del período constitucional.

Título XII. De los Ministros de Despacho

Sumario. Departamentos administrativos. Calidades para ser Ministro. Funciones que ejercen. Facultades delegadas que tienen.

Artículo 132. El número, nomenclatura y precedencia de los distintos Ministerios o Departamentos administrativos, serán determinados por la ley.

La distribución de los negocios según sus afinidades, corresponde al presidente de la República.

Artículo 133. Para ser Ministro se requiere las mismas calidades que para Representante.

Artículo 134. Los Ministros son órgano de comunicación del Gobierno con el Congreso; presentan a las Cámaras proyectos de ley, toman parte en los debates y aconsejan al presidente la sanción u objeción de los actos legislativos.

Cada Ministro presentará al Congreso, dentro de los 15 días de cada Legislatura, un informe sobre el estado de los negocios adscritos a su Departamento, y sobre las reformas que la experiencia aconseje que se introduzcan.

Las Cámaras pueden requerir la asistencia de los Ministros.

Artículo 135. Los Ministros, como jefes superiores de Administración, pueden ejercer en ciertos casos la autoridad presidencial, según lo disponga el presidente. Bajo su propia responsabilidad anulan, reforman o suspenden las providencias de los agentes inferiores.

Título XIII. Del Consejo de Estado

Sumario. Composición del Consejo de Estado. División del Consejo en secciones. Suplentes. Atribuciones del Consejo.

Artículo 136. El Consejo de Estado se compondrá de siete individuos, a saber: el Vicepresidente de la República, que lo preside, y seis Vocales nombrados con arreglo a esta Constitución.

Los Ministros del Despacho tienen voz y no voto en el Consejo.

Artículo 137. El cargo de Consejero es incompatible con cualquiera otro empleo efectivo.

Artículo 138. Los Consejeros de Estado durarán cuatro años, y se renovarán por mitad cada dos.

Artículo 139. Para el despacho de los negocios de su competencia se dividirá el Consejo en las secciones que la ley o su propio reglamento establezcan.

Artículo 140. La ley determinará el número de suplentes que deban tener los Consejeros, y las reglas relativas a su nombramiento, servicio y responsabilidad.

Artículo 141. Son atribuciones del Consejo de Estado:

1. Actuar como Cuerpo Supremo consultivo del Gobierno, en asuntos de administración, debiendo ser necesariamente oído en todos aquellos que determinen la Constitución y las

leyes. Los dictámenes del Consejo no son obligatorios para el Gobierno, excepto cuando vote la conmutación de la pena de muerte.

2. Preparar los proyectos de ley y Códigos que deban presentarse a las Cámaras, y proponer las reformas que juzgue convenientes en todos los ramos de la legislación;

3. Decidir, sin ulterior recurso, las cuestiones contencioso-administrativas, si la ley estableciere esta jurisdicción, ya deba conocer de ellas en primera y única instancia, o ya en grado de apelación.

En este caso el Consejo tendrá una sección de lo contencioso-administrativo con un Fiscal, que serán creados por la ley;

4. Llevar un registro formal de sus dictámenes y resoluciones, y pasar copia exacta de él, por conducto del Gobierno, al Congreso en los primeros quince días de sesiones ordinarias, exceptuando lo relativo a negocios reservados, mientras haya necesidad de tal reserva;

5. Darse su propio reglamento con la obligación de tener en cada mes cuantas sesiones sean necesarias para el despacho de los asuntos que son de su incumbencia;

Y las demás que le señalen las leyes.

Título XIV. Del Ministerio público

Sumario. Atribuciones del Ministerio Público. Del Procurador general. Su duración. Sus funciones.

Artículo 142. El Ministerio Público será ejercido, bajo la suprema dirección del Gobierno, por un Procurador general de la Nación, por los Fiscales de lo,; Tribunales superiores de Distrito y por los demás funcionarios que designe la ley.

La Cámara de Representantes ejerce determinadas funciones fiscales.

Artículo 143. Corresponde a los funcionarios del Ministerio Público defender los intereses de la Nación; promover la ejecución de las leyes, sentencias judiciales y disposiciones administrativas; supervigilar la conducta oficial de los empleados públicos; y perseguir los delitos y contravenciones que turben el orden social.

Artículo 144. El período de duración del Procurador general de la Nación será de tres años.

Artículo 145. Son funciones especiales del Procurador general de la Nación:

1. Cuidar de que todos los funcionarios públicos al servicio de la Nación desempeñen cumplidamente sus deberes;

2. Acusar ante la Corte Suprema a los funcionarios cuyo juzgamiento corresponda a esta Corporación;

3. Cuidar de que los demás funcionarios del Ministerio Público desempeñen fielmente su encargo, y promover que se les exija la responsabilidad por las faltas que cometan;

4. Nombrar y remover libremente a los empleados de su inmediata dependencia;

Y las demás que le atribuya la ley.

Título XV. De la Administración de Justicia

Sumario. I. Corte Suprema de justicia. Calidades para ser Magistrado de ella, y duración de los Magistrados. Atribuciones de la Corte Suprema. II. Tribunales Superiores de Distrito. Calidades y duración de sus miembros. III. Juzgados inferiores. Calidades para ser juez. IV. Disposiciones varias acerca de los Jueces y Magistrados. V. Reglas generales. VI. Autorización para establecer el Jurado para causas criminales; tribunales de comercio; contencioso-administrativo.

Artículo 146. La Corte Suprema se compondrá de siete Magistrados.

Artículo 147. El empleo de Magistrado de la Corte Suprema será vitalicio, a menos que ocurra el caso de destitución por mala conducta. La ley definirá los casos de mala conducta, y los trámites y formalidades que deban observarse para declararlos por sentencia judicial.

El Magistrado que aceptare empleo del Gobierno, dejará vacante su puesto.

Artículo 148. El presidente de la Corte Suprema será elegido por la misma Corte cada cuatro años.

Artículo 149. Habrá siete suplentes que llenarán las faltas temporales de los Magistrados principales de la Corte. Cuando ocurra falta absoluta de alguno, por muerte, renuncia aceptada, vacante constitucional o destitución judicial, se procederá a nuevo nombramiento.

Artículo 150. Para ser Magistrado de la Corte Suprema se requiere ser colombiano de nacimiento y en ejercicio de la ciudadanía, haber cumplido treinta y cinco años de edad y haber sido Magistrado de alguno de los Tribunales Superiores de Distrito o de los antiguos Estados, o haber ejercido con buen crédito, por cinco años a los menos, la profesión de abogado o el profesorado en Jurisprudencia en algún establecimiento público.

Artículo 151. Son atribuciones de la Corte Suprema:

1. Conocer de los recursos de casación, conforme a las leyes;

2. Dirimir las competencias que se susciten entre dos o más Tribunales de Distrito;

3. Conocer de los negocios contenciosos en que tenga parte la Nación o que constituyan litigio entre dos o más Departamentos;

4. Decidir definitivamente sobre la exequibilidad de actos legislativos que hayan sido objetados por el Gobierno como inconstitucionales;

5. Decidir, de conformidad con las leyes, sobre la validez o nulidad de las ordenanzas departamentales que hubieren sido suspendidas por el Gobierno, o denunciadas ante los Tribunales por los interesados como lesivas de derechos civiles;

6. Juzgar a los altos funcionarios nacionales que hubieren sido acusados ante el Senado, por el tanto de culpa que corresponda, cuando haya lugar conforme al Artículo 97;

7. Conocer de las causas que por motivos de responsabilidad, por infracción de la Constitución o leyes, o por mal desempeño de sus funciones, se promuevan contra los Agentes diplomáticos y consulares de la República, los Gobernadores, los Magistrados de los Tribunales de Justicia, los Comandantes o Generales en Jefe de las fuerzas nacionales, y los Jefes superiores de las Oficinas principales de Hacienda de la Nación;

8. Conocer de todos los negocios contenciosos de los Agentes diplomáticos acreditados ante el Gobierno de la Nación, en los casos previstos por el Derecho internacional;

9. Conocer de las causas relativas a navegación marítima o de ríos navegables que bañen el territorio de la Nación.

Y las demás que le señalen las leyes.

Artículo 152. La Corte nombra y remueve libremente sus empleados subalternos.

Artículo 153. Para facilitar a los pueblos la pronta administración de justicia, se dividirá el territorio nacional en Distritos Judiciales, y en cada Distrito habrá un Tribunal Superior, cuya composición y atribuciones determinará la ley.

Artículo 154. Para ser Magistrado de los Tribunales Superiores se requiere ser ciudadano en ejercicio, tener treinta años de edad y haber, durante tres años por lo menos, desempeñado funciones judiciales o ejercido la abogacía con buen crédito, o enseñado derecho en un establecimiento público.

Artículo 155. Son comunes a los Magistrados de los Tribunales Superiores las disposiciones del Artículo 147. Dichos Magistrados serán responsables ante la Corte Suprema, en la forma que determine la ley, por el mal desempeño de sus funciones y por las faltas que comprometan la dignidad de su puesto.

Artículo 156. La ley organizará los Juzgados inferiores y determinará sus atribuciones y la duración de los jueces.

Artículo 157. Para ser juez se requiere ser ciudadano en ejercicio, estar versado en la ciencia del derecho y gozar de buena reputación.

La segunda de estas calidades no es indispensable respecto de los jueces municipales.

Artículo 158. La responsabilidad de los jueces inferiores se hará efectiva ante el respectivo Superior.

Artículo 159. Los cargos del orden judicial no son acumulables; y son incompatibles con el ejercicio de cualquiera otro cargo retribuido, y con toda participación en el ejercicio de la abogacía.

Artículo 160. Los Magistrados y los jueces no podrán ser suspendidos en el ejercicio de sus destinos sino en los casos y con las formalidades que determinen las leyes, ni depuestos sino a virtud de sentencia judicial. Tampoco podrán ser trasladados a otros empleos sin dejar vacante su puesto.

No podrán suprimirse ni disminuirse los sueldos de los Magistrados y Jueces, de manera que la supresión o disminución perjudique a los que estén ejerciendo dichos empleos.

Artículo 161. Toda sentencia deberá ser motivada.

Artículo 162. La ley podrá instituir jurados para causas criminales.

Artículo 163. Podrán crearse Tribunales de Comercio.

Artículo 164. La ley podrá establecer la jurisdicción contencioso-administrativa, instituyendo Tribunales para conocer de las cuestiones litigiosas ocasionadas por las providencias de las autoridades administrativas de los Departamentos y atribuyendo al Consejo de Estado la resolución de las promovidas por los centros superiores de administración.

Título XVI. De la fuerza pública

Sumario. Servicio militar. Ejército permanente. Pie de fuerza. Obligaciones y derechos de los militares. Tribunales marciales. Milicia nacional.

Artículo 165. Todos los colombianos están obligados a tomar las armas cuando las necesidades públicas lo exijan, para defender la independencia nacional y las instituciones patrias.

La ley determinará las condiciones que en todo tiempo eximen del servicio militar.

Artículo 166. La Nación tendrá para su defensa un Ejército permanente. La ley determinará el sistema de reemplazos del Ejército, así como los ascensos, derechos y obligaciones de los militares.

Artículo 167. Cuando no se fijare por ley expresa el pie de fuerza, subsistirá la base acordada por el Congreso para el precedente bienio.

Artículo 168. La fuerza armada no es deliberante. No podrá reunirse sino por orden de la autoridad legítima; ni dirigir peticiones, sino sobre asuntos que se relacionen con el buen servicio y moralidad del Ejército y con arreglo a las leyes de su instituto.

Artículo 169. Los militares no pueden ser privados de sus grados, honores y pensiones, sino en los casos y del modo que determine la ley.

Artículo 170. De los delitos cometidos por los militares en servicio activo y en relación con el mismo servicio, conocerán las Cortes marciales o Tribunales militares, con arreglo a las prescripciones del Código penal militar.

Artículo 171. La ley podrá organizar y establecer una milicia nacional.

Título XVII. De las elecciones

Sumario. Elección de Consejeros municipales y de Diputados departamentales; de Electores y Representantes; de presidente y Vicepresidente. Reglas para la formación de las Asambleas. División territorial para elección de Representantes. Limitaciones del derecho electoral. Jueces de escrutinio.

Artículo 172. Todos los ciudadanos eligen directamente Consejeros municipales y Diputados a las Asambleas departamentales.

Artículo 173. Los ciudadanos que sepan leer y escribir o tengan una renta anual de quinientos pesos, o propiedad inmueble de mil quinientos, votarán para Electores y elegirán directamente Representantes.

Artículo 174. Los Electores votarán para presidente y Vicepresidente de la República.

Artículo 175. Los Senadores serán elegidos por las Asambleas departamentales; pero en ningún caso podrá recaer la elección en miembros de las mismas Asambleas que hayan pertenecido a éstas dentro del año en que se haga la elección.

Artículo 176. Habrá un Elector por cada mil individuos de población.

Habrá también un Elector por cada distrito cuya población no alcance a mil almas.

Artículo 177. Las Asambleas electorales se renovarán para cada elección presidencial, y los individuos que fueren declarados miembros legítimos de tales Asambleas, no podrán ser separados del ejercicio de sus funciones sino por fallo judicial que determine pérdida o suspensión de los derechos de ciudadanía.

Artículo 178. Para las elecciones de Representantes cada Departamento se dividirá en tantos distritos electorales cuantos le correspondan para que cada uno de estos elija un Representante.

Compete a la ley, o, a falta de esta, al Gobierno, hacer la demarcación a que se refiere el párrafo anterior.

Los distritos municipales cuya población exceda de cincuenta mil almas formarán distritos electorales y votarán por uno o más Representantes con arreglo a su población.

Las fracciones sobrantes de población que sumadas excedan de veinticinco mil habitantes, añadirán un Representante a los que por cada cincuenta mil elige el Departamento. La ley fijará las reglas de esta elección adicional.

Artículo 179. El sufragio se ejerce como función constitucional. El que sufraga o elige no impone obligaciones al candidato, ni confiere mandato al funcionario electo.

Artículo 180. Habrá Jueces de escrutinio, encargados de decidir, con el carácter de jueces de derecho, las cuestiones que se susciten de validez o nulidad de las actas, de las elecciones mismas, o de determinados votos.

Estos Jueces son responsables por las decisiones que dicten, y serán nombrados en la forma y por el tiempo que determine la ley.

Artículo 181. La ley determinará lo demás concerniente a elecciones y escrutinios, asegurando la independencia de unas y otras funciones; definirá los delitos que menoscaben la verdad y libertad del sufragio y establecerá la competente sanción penal.

Título XVIII. De la Administración departamental y municipal

Sumario. I. División territorial de los Departamentos. II. Asambleas departamentales. Su composición. Sus facultades, Bienes de los Departamentos, Presupuestos de rentas y gastos departamentales, Revisión de los actos de las Asambleas. III. Gobernadores: su duración. Sus atribuciones. Incompatibilidad. IV. Cabildos y Alcaldes: sus funciones. V. Régimen excepcional del Departamento de Panamá.

Artículo 182. Los Departamentos para el servicio administrativo, se dividirán en Provincias, y éstas en distritos municipales.

Artículo 183. Habrá en cada Departamento una Corporación administrativa denominada Asamblea departamental, compuesta de los Diputados que correspondan a la población a razón de uno por cada doce mil habitantes.

La ley podrá variar la anterior base numérica de Diputados.

Artículo 184. Las Asambleas se reunirán ordinariamente cada dos años en la capital del Departamento.

Artículo 185. Corresponde a las Asambleas dirigir y fomentar, por medio de ordenanzas y con los recursos propios del Departamento, la instrucción primaria y la beneficencia, las industrias establecidas y la introducción de otras nuevas, la inmigración, la importación de capitales extranjeros, la colonización de tierras pertenecientes al Departamento, la apertura de caminos y de canales navegables, la construcción de vías férreas, la explotación de bosques de propiedad del Departamento, la canalización de ríos, lo relativo a la policía local, la fiscalización de las rentas y gastos de los distritos, y cuanto se refiera a los intereses seccionales y al adelantamiento interno.

Artículo 186. Compete también a las Asambleas departamentales crear y suprimir Municipios, con arreglo a la base de población que determine la ley, y segregar y agregar términos municipales consultando los intereses locales. Si de un acto de agregación o segregación se quejare algún vecindario interesado en el asunto, la resolución definitiva corresponde al Congreso.

Artículo 187. Las Asambleas departamentales, además de sus atribuciones propias, podrán ejercer otras funciones por autorización del Congreso.

Artículo 188. Los bienes, derechos, valores y acciones que por leyes, o por decretos del Gobierno nacional, o por cualquier otro Título pertenecieron a los extinguidos Estados soberanos, se adjudican a los respectivos Departamentos y les pertenecerán mientras éstos tengan existencia legal.

Exceptúanse los inmuebles que se especifican en el Artículo 202.

Artículo 189. Las Asambleas votarán cada dos años el Presupuesto de rentas y gastos del respectivo Departamento, y en él apropiarán las partidas necesarias para cubrirlos gastos que les correspondan, conforme a la ley.

Artículo 190. Las Asambleas departamentales, para cubrir los gastos de administración que les correspondan, podrán establecer contribuciones con las condiciones y dentro de los límites que fije la ley.

Artículo 191. Las ordenanzas de las Asambleas son ejecutivas y obligatorias mientras no sean suspendidas por el Gobernador o por la autoridad judicial.

Artículo 192. Los particulares agraviados por actos de las Asambleas pueden recurrir al Tribunal competente; y éste, por pronta providencia, cuando se trate de evitar un grave perjuicio, podrá suspender el acto denunciado.

Artículo 193. En cada Departamento habrá un Gobernador que ejercerá las funciones del Poder Ejecutivo, como Agente de la Administración central por una parte, y por otra, como Jefe Superior de la Administración departamental.

Artículo 194. Los Gobernadores serán nombrados para un período de tres años y pueden continuar en su puesto por nuevo nombramiento.

Artículo 195. Son atribuciones del Gobernador:

1. Cumplir y hacer que se cumplan en el Departamento las órdenes del Gobierno;

2. Dirigir la acción administrativa en el Departamento, nombrando y separando sus agentes, reformando o revocan-

do los actos de éstos y dictando las providencias necesarias en todos los ramos de la Administración;

3. Llevar la voz del Departamento y representarlo en asuntos políticos y administrativos;

4. Auxiliar la justicia en los términos que determine la ley;

5. Ejercer el derecho de vigilancia y protección sobre las corporaciones oficiales y establecimientos públicos;

6. Sancionar, en los términos que determine la ley, las ordenanzas que expidan las Asambleas departamentales;

7. Suspender de oficio, o a petición de parte agraviada, por resolución motivada, dentro del término de diez días después de sus expedición, las ordenanzas de las Asambleas que no deban correr por razón de incompetencia, infracción de leyes o violación de derechos de tercero; y someter la suspensión decretada al Gobierno para que él la confirme o revoque;

8. Revisar los actos de las Municipalidades y los de los Alcaldes, suspender los primeros y revocar los segundos por medio de resoluciones razonadas y únicamente por motivos de incompetencia o ilegalidad;

Y las demás que por la ley le competan.

Artículo 196. Los Gobernadores estarán sujetos a responsabilidad administrativa y judicial. Son amovibles por el Go-

bierno, y responsables ante la Corte Suprema por los delitos
que cometieren en el ejercicio de sus funciones.

Artículo 197. El Gobernador podrá requerir el auxilio de
la fuerza armada, y el Jefe militar obedecerá sus instrucciones, salvo las disposiciones especiales que dicte el Gobierno.

Artículo 198. En cada Distrito municipal habrá una Corporación popular que se designará con el nombre de Consejo municipal.

Artículo 199. Corresponde a los Consejos municipales or-
denar lo conveniente, por medio de acuerdos o reglamentos
interiores, para la administración del Distrito; votar, en conformidad con las ordenanzas expedidas por las Asambleas,
las contribuciones y gastos locales; llevar el movimiento
anual de la población; formar el censo civil cuando lo determine la ley ejercer las demás funciones que le sean señaladas.

Artículo 200. La acción administrativa en el distrito corresponde al Alcalde, funcionario que tiene el doble carácter
de Agente del Gobernador y mandatario del pueblo.

Artículo 201. El Departamento de Panamá está sometido
a la autoridad directa del Gobierno, y será administrado con
arreglo a leyes especiales.

Título XIX. De la Hacienda

Sumario. Bienes y cargas de la Nación. Otras sobre Presupuestos y gastos.

Artículo 202. Pertenecen a la República de Colombia.

1. Los bienes, rentas, fincas, valores, derechos y acciones que pertenecían a la Unión Colombiana en 15 de abril de 1886;

2. Los baldíos, minas y salinas que pertenecían a los Estados, cuyo dominio recobra la Nación, sin perjuicio de los derechos constituidos a favor de terceros por dichos Estados, o a favor de éstos por la Nación a Título de indemnización;

3. Las minas de oro, de plata, de platino y de piedras preciosas que existan en el territorio nacional, sin perjuicio de los derechos que por leyes anteriores hayan adquirido los descubridores y explotadores sobre algunas de ellas.

Artículo 203. Son de cargo de la República las deudas exterior e interior, reconocidas ya, o que en lo sucesivo se reconozcan, y los gastos del servicio público nacional.

La ley determinará el orden y modo de satisfacer estas obligaciones.

Artículo 204. Ninguna contribución indirecta ni aumento de impuestos de esta clase, empezará a cobrarse sino seis meses después de promulgada la ley que establezca la contribución o el aumento.

Artículo 205. Ninguna variación en la Tarifa de Aduana comenzará a ser ejecutada sino noventa días después de sancionada la ley que la establezca; y toda alza o baja en los derechos de importación se verificará por décimas partes en los diez meses subsiguientes. Esta disposición y la del anterior Artículo, no limitan las facultades extraordinarias del Gobierno cuando de ellas esté revestido.

Artículo 206. Cada Ministerio formará cada dos años el Presupuesto de gastos de su servicio, y lo pasará al del Tesoro, por el cual será redactado el general de la Nación, y sometido a la aprobación del Congreso, junto con el de rentas en que se propondrán los medios necesarios para cubrir las obligaciones.

Cuando el Congreso no vote ley de Presupuesto para el correspondiente bienio económico, continuará vigente el Presupuesto del bienio anterior.

Artículo 207. No podrá hacerse ningún gasto público que no haya sido decretado por el Congreso, por las Asambleas departamentales, o las Municipalidades; ni transferirse ningún crédito a un objeto no previsto en el respectivo Presupuesto.

Artículo 208. Cuando haya necesidad de hacer un gasto imprescindible, a juicio del Gobierno, estando en receso las Cámaras, y no habiendo partida votada o siendo ésta insuficiente, podrá abrirse al respectivo Ministerio un crédito suplemental o extraordinario.

Estos créditos se abrirán por el Consejo de Ministros, instruyendo para ello expediente y previo dictamen del Consejo de Estado.

Corresponde al Congreso legalizar estos créditos.

El Gobierno puede solicitar del Congreso créditos adicionales al Presupuesto de Gastos.

Título XX. De la reforma de esta Constitución y abrogación de la anterior

Artículo 209. Esta Constitución podrá ser reformada por un acto legislativo, discutido primeramente y aprobado en tres debates por el Congreso en la forma ordinaria, transmitido por el Gobierno, para su examen definitivo, a la Legislatura subsiguiente, y por ésta nuevamente debatido, y últimamente aprobado por dos tercios de los votos en ambas Cámaras.

Artículo 210. La Constitución de 8 de mayo de 1863, que cesó de regir por razón de hechos consumados, queda abolida; e igualmente derogadas todas las disposiciones de carácter legislativo contrarias a la presente Constitución.

Título XXI (adicional). Disposiciones transitorias

Artículo A. El primer período presidencial comenzará a contarse desde el día 7 de agosto del presente año.

En la misma fecha comenzará el primer período constitucional del Vicepresidente de la República y del Designado.

El día 1.° de septiembre comenzará el primer período constitucional de los Consejeros de Estado y del Procurador general de la Nación.

Los nuevos Magistrados de la Corte Suprema nacional tomarán posesión de sus empleos el día 1.° de septiembre del año en curso.

Artículo B. El primer Congreso constitucional se reunirá el día 20 de julio de 1888.

Artículo C. Tan luego como sea sancionada la presente Constitución, el Consejo Nacional de Delegatarios asumirá funciones legislativas y las que por la misma Constitución corresponden al Congreso, y separadamente al Senado y a la Cámara de Representantes. Entre estas funciones ejercerá inmediatamente la que le atribuye el Artículo 77.

Artículo don Antes de la fecha en que debe reunirse el primer Congreso constitucional volverá a ejercer las funciones legislativas el Consejo Nacional Constituyente, cuando sea convocado a reunión extraordinaria por el Gobierno.

Artículo E. La elección de miembros del Consejo de Estado que corresponde al Senado y a la Cámara de Representantes, se hará por el Consejo Nacional en dos actos distintos, y votándose en cada uno de ellos por dos individuos. El que en cada acto tuviere mayor número de votos será declarado Consejero con duración de cuatro años, y el que siga en votos, con duración de dos años. En cualquier caso de empate; decidirá la suerte.

Los dos Consejeros cuyo nombramiento corresponde al Gobierno, serán nombrados simultáneamente, y por sorteo se decidirá enseguida, ante el Consejo de Ministros, a quien corresponde la elección por cuatro años, y a quien por dos.

Artículo F. Para dar cumplimiento a la atribución 2.ª del Consejo de Estado, éste podrá agregar a cada una de sus secciones una o dos personas letradas. Estos Consejeros adjuntos cesarán en sus funciones el día 20 de julio de 1888.

Artículo G. Las rentas y contribuciones que tenían establecidas por ley los extinguidos Estados de la Unión, serán las mismas de los respectivos Departamentos, mientras no se disponga otra cosa por el Poder Legislativo.

Exceptúanse las rentas que por decretos del Poder Ejecutivo han sido destinadas últimamente al servicio de la Nación.

Artículo H. Mientras el Poder Legislativo no disponga otra cosa, continuará rigiendo en cada Departamento la legislación del respectivo Estado.

El Consejo Nacional constituyente, una vez que asuma el carácter de Cuerpo legislativo, se ocupará preferentemente en expedir una ley sobre adopción de Códigos y unificación de la legislación nacional.

Artículo I. Las leyes de los extinguidos Estados que fueron denunciadas ante la Corte Suprema Federal y suspendidas por ella, y aquellas sobre las cuales no recayó resolución unánime de la misma Corte, serán pasadas al Consejo de Delegatarios para que él decida sobre su validez o nulidad definitivas.

Artículo J. Si antes de la expedición de la ley a que se refiere el Artículo H hubieren de ser juzgados algunos individuos como responsables de alguno o algunos de los delitos de que trata el Artículo 29, los Jueces aplicarán el Código del extinguido Estado de Cundinamarca, sancionado el 16 de octubre del año de 1858.

Artículo K. Mientras no se expida la ley de imprenta, el Gobierno queda facultado para prevenir y reprimir los abusos de la prensa.

Artículo L. Los actos de carácter legislativo expedidos por el presidente de la República antes del día en que se sancione esta Constitución, continuarán en vigor, aunque sean contrarios a ella, mientras no sean expresamente derogados por el Cuerpo Legislativo o revocados por el Gobierno.

Artículo M. El presidente de la República nombrará libremente, la primera vez, los Magistrados de la Corte Suprema y de los Tribunales Superiores y someterá los nombramiento a la aprobación del Consejo Nacional.

Artículo N. Las faltas absolutas de los miembros del Consejo Nacional, desde que éste tome el carácter de Cuerpo Legislativo, se llenarán por designaciones hechas por los Gobernadores de los Departamentos.

Artículo *. Esta Constitución empezará a regir, para los Altos Poderes nacionales, desde el día en que sea sancionada; y para la Nación, treinta días después de su publicación en el Diario Oficial.

Dada en Bogotá, a 4 de agosto de 1886.

El presidente del Consejo Nacional Constituyente, Delegatario por el Estado del Cauca, Juan de Dios Ulloa. El Vicepresidente del Consejo Nacional Constituyente, Delegatario por el Estado de Cundinamarca, José María Rubio Frade. El Delegatario por el Estado de Antioquía, Simón de Herrera. El Delegatario por el Estado de Antioquía, José Domingo Ospina Camacho. El Delegatario por el Estado de Bolívar, José M. Samper. El Delegatario por el Estado de Bolívar, Juan Campo Serrano. El Delegatario por el Estado de Boyacá, Carlos Calderón Reyes. El Delegatario por el Estado de Boyacá, Francisco Mendoza Pérez. El Delegatario por el Estado del Cauca, Rafael Reyes. El Delegatario por el Estado de Cundinamarca, Jesús Casas Rojas. El Delegatario por el Estado del Magdalena, Luis M. Robles. El Delegatario por el Estado de Panamá, Miguel Antonio Caro. El Delegatario por el Estado de Panamá, Felipe F. Paul. El Delegatario por el Estado de Santander, Guillermo Quintero Calderón. El

Delegatario por el Estado de Santander, Antonio Carreteo
R. El Delegatario por el Estado del Tolima, Aciscio Molano.
El Delegatario por el Estado del Tolima, Roberto Sarmien-
to. El Secretario, J. Hulio A. Corredor. El Secretario, Víctor
Mallarino.

Poder Ejecutivo nacional. Bogotá, 5 de agosto de 1886.

Cúmplase y Publíquese.

J. M. Campo Serrano. El Secretario de Gobierno, Arísti-
des Calderón. El Secretario de Relaciones Exteriores, Vicente
Restrepo. El Secretario de Hacienda, encargado del Despacho de Guerra, Antonio Roldán. El Secretario del Tesoro,
Jorge Holguín. El Secretario de Instrucción Pública, encargado del Despacho de Fomento, Enrique Álvarez.

Libros a la carta

A la carta es un servicio especializado para
empresas,
librerías,
bibliotecas,
editoriales
y centros de enseñanza;
y permite confeccionar libros que, por su formato y concepción, sirven a los propósitos más específicos de estas instituciones.

Las empresas nos encargan ediciones personalizadas para marketing editorial o para regalos institucionales. Y los interesados solicitan, a Título personal, ediciones antiguas, o no disponibles en el mercado; y las acompañan con notas y comentarios críticos.

Las ediciones tienen como apoyo un libro de estilo con todo tipo de referencias sobre los criterios de tratamiento tipográfico aplicados a nuestros libros que puede ser consultado en Linkgua-edición.com.

Linkgua edita por encargo diferentes versiones de una misma obra con distintos tratamientos ortotipográficos (actualizaciones de carácter divulgativo de un clásico, o versiones estrictamente fieles a la edición original de referencia).

Este servicio de ediciones a la carta le permitirá, si usted se dedica a la enseñanza, tener una forma de hacer pública su interpretación de un texto y, sobre una versión digitalizada «base», usted podrá introducir interpretaciones del texto fuente. Es un tópico que los profesores denuncien en clase los desmanes de una edición, o vayan comentando errores de interpretación de un texto y esta es una solución útil a esa necesidad del mundo académico.

Asimismo publicamos de manera sistemática, en un mismo catálogo, tesis doctorales y actas de congresos académicos, que son distribuidas a través de nuestra Web.

El servicio de «libros a la carta» funciona de dos formas.

1. Tenemos un fondo de libros digitalizados que usted puede personalizar en tiradas de al menos cinco ejemplares. Estas personalizaciones pueden ser de todo tipo: añadir notas de clase para uso de un grupo de estudiantes, introducir logos corporativos para uso con fines de marketing empresarial, etc. etc.

2. Buscamos libros descatalogados de otras editoriales y los reeditamos en tiradas cortas a petición de un cliente.

9 788411 260107